JN438421

오늘의문학시인선 380

별의 꿈

여규용 시집

오늘의문학사

국립중앙도서관 출판시도서목록(CIP)

별의 꿈 : 여규용 시집 / 지은이: 여규용. -- 대전 : 오늘의
문학사, 2016
p. ; cm. -- (오늘의문학 시인선 ; 380)

세종특별자치시와 한국문화예술위원회의 지원을 받아
발행된 시집임
ISBN 978-89-5669-783-3 03810 : ₩9000

한국 현대시[韓國現代詩]

811.7-KDC6
895.715-DDC23 CIP2016024618

별의 꿈

시인의 말

넓은 들판에 외롭게 핀 꽃 한 송이를 닮고 싶었다
누가 바라봐 주지 않아도 외롭지 않은 들꽃이고 싶었다
지나는 바람이 친구해 주고
밤하늘 별들이 이야기를 들어 주어도 그것이 좋았다

그런 이야기를 담았다

꽃을 보고 들길을 걸으며
그때마다 묵묵히 자기 역할을 하는 모습을 보며
내 마음을 돌아보고 느끼고
그것들을 닮아 가고 싶어 했다

그런 생각들을 풀어 놓았다

별의 꿈은
독백하듯 풀어 놓은 내 마음이다
억겁의 세월을 헤치며 내게 왔을 꿈
그 푸른 꿈을 키워 가는 길에 함께 해 줘서 고맙다

2016년 10월 햇살고운 가을에
매헌 여 규 용

차 례

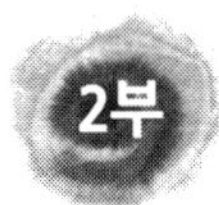

향기 나는 삶을 위하여

독백

별의 꿈

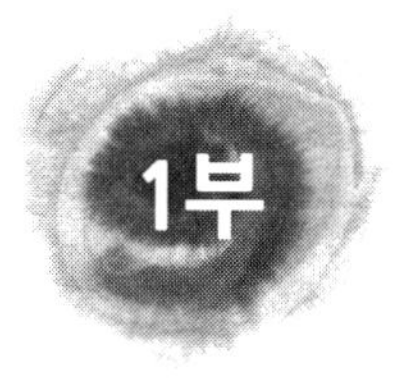

내 맘속의 느티나무

봄은 숲으로 유배를 떠났다

봄은 산으로 숲으로
스스로 유배를 떠났다
화르르
꽃잎만 남기고
마음 문을 닫았다

살갑게 굴던 햇살도
이젠 비겁하게
나무 그늘로 숨는다

내게 준 것이라곤 쥐뿔도 없으면서
잘난 체 하는 늦봄의 햇살이 밉다
참으로 간사스럽다

산모퉁이 돌아설 때마다
오늘도 봄의 유배지엔
짙푸른 낭만의 정조만
꽃향기로 남아 있다.

물방울 꽃

비오는 날 피는 꽃
물방울 꽃
가을비 오는 날
잎 떨어진 가지마다 꽃이 피었다

한 순간 바람의 심술이면 떨어질
화사한 햇살의 미소에 사라질
길지 않은 생을 나뭇가지에서
대롱거리는 운명으로 맞지만
희망으로 반짝이는
너를 보는 내 가슴은 기쁘다

밤새 내리던 빗물을 받아
가만 가만 만들어진 물방울 꽃
그 여린 마음 바람은 알까
바라보니 내 마음까지 아름다워진다

비오는 날 그리움으로 피고
비오는 날 보고픔에 울고
비오는 날 반짝이며 반겨 줄

하얗고 투명한 물방울 꽃
내 맘을 닮은 꽃.

붉은 단풍의 꿈

널 잡고 있던 팔에 힘이 다하고
바람에게 내 몸을 의지하던 어느 날
떠난 자리엔 나만 아는 파란 꿈 하나 남겼지

반짝이던 눈동자
부끄러움에 붉어지고
하나씩 따라 부르던 노래
숲속 바람 따라 계곡을 거닐며
넌 그랬지
그것이 사랑이라고

이제 알 것만 같아
남겨진 사랑 그 의미를
너 있던 자리에 나만 아는 비밀번호로
잠금장치 남겼으니
그 번호 풀리는 내년 봄에야
날 다시 기억 하는 건 아니겠지

지금은 힘없이 간다고
날 잊으면 안 돼

내가 너에게 내 맘 다 주고 붉어진 거니까
이리 붉은 모습 아니면
네가 내 맘 모를 것 같아서 그래

잊지 않는다고 약속해 줘
지금…!

만남과 헤어짐

봄부터 꽃을 피우기 위해
계절은 참 많이도 분주했다
잠깐의 꽃 피움을 위한
긴 기다림
지칠 법도 한데 잘도 참아 왔다

꽃 피는 그 짧은 시간 동안
온몸으로 느꼈을 열락의 기쁨
햇살도 미안했던지 구름 속으로 숨는다
고운 꽃잎을 만지작거리는
바람의 손길이 떨린다

이제 먼 여행을 떠난다
언제인지도 모를 기약도 없이
어디인지도 모를 약속도 없이
작은 씨방 하나
달랑 남기고 그렇게 떠난다

먼 훗날 오늘의 아름다웠던 기억 생각나거든
내 곁에 다시 찾아와 예쁜 꽃 다시 피워 보렴.

너는 알까

어루쇠에 비친 내 마음
너는 알까

윤슬처럼 빛나던 행복
너는 알까

고왔던 손길
호수 같던 눈동자
그렇게 보았던 내 맘
너는 알까

어둔 밤하늘 바라보며
그리워하는 맘
너는 알까

호롱불 하늘거리는 불빛에
행여 하는 맘으로 창문을 열면
너보다 먼저 찾아들던 바람의 맘을
너는 알까.

겨울 문풍지

살을 에는 추위
매서움 속에서 날 지켜준 건 너였다

자리끼 꽁꽁 얼고
젖은 걸레 동태가 되어도
밤새도록 날 지켜주기 위해
어두운 틈새에서 벌벌 떨었다

스치듯 지나던 달빛
애처로이 바라만 보던 별들
몹시도 흔들어 대던 바람도
몸부림치는 네 심정 알았을까

여명이 밝아 오고
꽁꽁 얼었던 대지가
아침 햇살에 기지개 켜면
그제야 너는 안도의 한숨을 쉬었다

동구 밖 개 짖는 소리가 정겹다.

고요하다는 것

조용한 산사의 고요함을 나는 즐긴다
마당에 서면 높은 하늘이 보이고
처마 끝 풍경을 흔들고 지나가는 바람도 좋다
햇살이 주인 이었던 빈 의자에
잠시 기대어 피곤한 마음 내려놓아본다
찻잔의 커피가 식어갈 즈음
생각의 종착점은 내 과거를 거슬러 오른다
버려진 낙엽처럼 덩그러니 외롭던 그 때
너무나 일찌기 알아버린
세상의 모든 것이 끝내는 버려진다는 것
필요에 의해 어쩔 수 없는 관계에 의해
이어지는 인연 일 뿐
결국엔 서로가 버리고 버려지는 것이다
식어버린 찻잔의 온기가 마냥 그립다
거기엔 마음으로 나누었던 따스함이
그리움으로 남았으니
더욱 그렇다.

단풍

참 곱다
볼수록 예쁘다
바람에 흔들리며 재잘거리는 소리
빙그시 웃으며 바라보는 내 맘에
울긋불긋 아름다운 꽃처럼 물들었다

지워지지도 않고
지울 수도 없는
마음에 들어버린 단풍
내일이 없다 해도 오늘이 즐겁다
너를 보는 내가 행복하다.

삶의 퍼즐 맞추기

내 삶에 퍼즐 맞추기
이즈음에 얼마나 맞춰졌는지
아무리 생각해도 알 수가 없다
다 맞춰진 듯한데
돌아보면 빈 구석 하나 보이고

밤새 아픈 맘으로
뒤척이다가 아침이 오면
마음 한구석 가득 고인 눈물 우물에
두레박 하나 띄우고 바라본다

지난밤 잃어버린 퍼즐 조각 하나
그것이 맞춰질 때까지
또 비틀거리고
내 맘은 텅 빈 도시의 거리를 헤매는
방랑자가 된다.

내 삶의 마지막 여백에

내 삶의 남은 여백에
당신과 함께 그려보고 싶은 그림이 있다

자욱한 운무에 가려진
산등성이를 넘는 심정으로
붓 가는 대로
마음 가는 대로
정해진 것 없이 그려보고 싶다
이왕 이면 예쁘고 화려하게
순수함은 잃지 않은 그대로인
그림으로 그려보고 싶다

해맑은 햇살 언제나 가득 하고
창밖엔 예쁜 꽃 반겨주는
눈 뜨면 당신 내 앞에 있고
하루의 시작이 당신을 위한
모두가 말하기를 행복 이라고 하는 그림

내 삶의 여백엔
늘 당신이었으면 좋겠다

가끔은 날 위한 투정도 부려주는
그래서 살아 있음을 감사해 하는
그런 여백이었음 좋겠다.

억새와 바람소리

언제 부터인가
내가 바람이기를 소망했던 그 때
언덕을 넘고 숲을 지나
내 살던 곳 옹색한 초가집
문틈으로 스미는
호롱불 온기에도
고마워했을 바람 한 점이었음 했다

빗물에 젖은 겉옷 툭툭 털고
억새 숲에 앉는다

마른 잎 새 사이로 들리는 소곤거림
자박 거리는 억새의 발걸음
언덕을 오르고 내리는 바람의 숨소리가 거칠다

푸르던 산은 이내
까칠하게 물기 빠지고
노란 단풍 빨간 단풍 만산홍엽이다
타박타박 앞장서 걷는 네가 예쁘다
가을을 버리고 내 곁에 서있는 억새는

바람을 사랑한다
바람은 억새를 고마워한다.

작은 꽃 하나에도

작은 꽃 하나
그 속에도 뜨거운 가슴 있다

꽃 앞에 쪼그리고 앉아
가만히 들여다보며
눈으로 말을 건다
꽃은 나를 빤히 바라본다

무언가 하고픈 말이 있는 듯
꽃잎은 벙긋벙긋 웃는다
눈빛은 반짝이고
붉은 입술은 파르르 떨린다

하얀 얼굴에
재잘거리는 말소리
작은 꽃 하나에도
사랑은 있다

얼마나 속이 깊은지
저보다 날 먼저 생각해 준다

하얀 꽃잎은 내 아픔을 걱정해주고
꽃술로 위로해 준다
꽃이 얼마나 예쁜지 그래서 안다

내가 사랑하는 작은 꽃에도
뜨거운 가슴은 있다.

내 맘에 사랑 탑

이순이 되어 돌아보는 가슴에 새긴
소중한 사랑의 흔적들
마음을 담아 쌓은 탑 하나 외롭다

담장 너머 보일 듯 말듯
차가운 달빛은
지난 시간의 그리움으로 머물고
따스하게 따라주던 커피 한 잔
향기로 온기로 전해오던 그것은
행복한 사랑이었다

불같은 맘 어쩌지 못하고
찬바람 매서운 강가를 걸었다
꽃 필 때까지 기다린다는 것이
이리도 아프고 간절한 것을
가버린 세월은 알고 있었던 거다

아침저녁으로 마주하는
짧은 안부의 글들
궁금하여 초조했던 시간 속에

같이 마셨던 커피 한 잔의 따스함으로
얼어 버렸던 맘 녹여 갈 때
그것이 사랑인 줄 그제야 알았다.

빛의 가운데에서 – 관촉사에서

오랜만에 까치 소리를 듣는다
물끄러미 시선이 닿는 곳
가슴 깊은 곳에서 윤슬처럼 반짝이는
그리움이 피어오른다
처마 끝으로 돌아 나는 햇살이
무지갯빛이다

아득한 옛날
미륵의 세상을 꿈꾸며
정성으로 만들어 세웠을 미륵불

숙명이라 여기며 눈물로 다듬고
하늘을 닮아보자는 깊은 신심으로
세상의 아픔 속에서 해탈을 소망하며
그곳에 세상을 사랑했던
숨결까지 남겼으니

그대 함께 가자
세상의 끝 거기까지
서로의 사랑을
숙명이라 여기고 가자.

나빌레라 – 승무

하늘을 날고 싶었던가
가볍게 내딛는 발걸음 끝에
서러움 눈물로 뿌렸는가

휘저어 오르는 춤사위
허공에 맴도는 아픈 그리움
아!
차라리 눈을 감고 말지

버선발 사뿐사뿐
그 끝에 묻어나는 행복한 미소
소매 끝에서 피어오르는 향 내음
하늘로 휘감아 오르고
또
오르고

거기엔 하얀 미소 머금은
그대가 있었다
구절초 꽃으로.

내 맘속의 느티나무

어릴 적 동구 밖 느티나무를 보며
내가 크면 저 느티나무 같은 사람이 되자고 했다

비바람 온갖 풍상 다 겪으면서
꿋꿋이 쉼터가 되어 주는 그 모습
바람도 쉬어가고 새들도 둥지를 틀고
온갖 풀벌레들도 품어 안는 그 모습이
너무 좋았던 게다

지금도 동네 어귀 느티나무를 보면
아무 생각 없이 쉬어 가곤 한다
살다보니 맘은 많이 퇴색되었지만
그래도 넉넉한 품이 그리운 것은
내 맘 한구석엔 느티나무가 자라고 있는 게다

세상에 동화되지 못하다 보니
가지도 부실하고 잎도 까칠하다
넓은 품, 그 넉넉함이 아쉽고
어딘가 쫓기듯 살아온 과거가 아프기만 하다
생각은 가는데 마음이 따라가지 못하는 것이

남은 내 생에 걸림돌이 되지 않기를
간절한 마음으로 바래본다

나는 느티나무가 되고 싶다.

아픔의 무게를 느끼다

기울어진 봄의 햇살이
유월로 가는 길목으로 앞장선다

말갛게 번지던
오월의 눈웃음도
붉은 장미의 가시 돋친 질투 때문에
스스로 비켜선 지 오래

그렁하게 맺혔던 눈물 같은 것은
먹먹한 가슴속으로 갈무리하고
인연 위에 또 하나의 인연을 위하여
꽃은 꽃잎을 떨궜다

지친 길 위에서 갈 곳을 잃었다
예쁜 꽃은 가시가 많다는 것을
예쁜 꽃은 향기가 오래가지 않는다는 것을
마음속 외딴섬같이 그리웠던 것도
결국엔 장미의 모진 가시 앞에
무릎을 꿇었다

시든 오월 사랑의 꽃잎들
길 위로 힘없이 버려졌을 때
모른 척 시침 떼고 있는 잔인함에
밤새워 뒤척이며
생의 마지막 껍질을 벗는다.

회상

열은 안개 드리운 저녁
풋풋한 풀 향기 자욱하고
마당엔 모깃불 탁탁 튀는 정겨움
문득 잊었던 고향생각이 납니다
휘돌아 나가는 냇물엔
펄떡이는 피라미 떼의 은빛 몸부림
그때는 호롱불 아래
혼자이어도 좋았습니다

말없이 가버린 세월
주름진 얼굴에 남은 것은
그때나 지금이나 변함없는 동심입니다
산 그림자 드리운 초가집
흰 연기 굴뚝에 피어오르고
송아지 어미 찾아 외양간에 들면
하루가 고요 속으로 잠이 듭니다.

홀로 푸른 것은

외로웠겠지요
억겁의 세월을 견디어온 시간들
밤하늘 별들이 이슬로 내려
단단한 바위에 뿌리로 설 때까지
기다림이란 것을 알았습니다

외로웠겠지요
그 뿌리에 수많은 상처
단단한 껍질로 아물 때까지
말없이 지켜 보아준 시간들
순간순간이
기다림이란 것을 알았습니다

외로웠겠지요
홀로 푸름 간직하고
그 자리에 우뚝 서서
명멸하는 태양과 겨울철 삭풍을 이겨낸
단단한 껍질 속으로 간직한
저미듯 밀려오는 아픔은
기다림이란 것을 알았습니다.

푸른 산 그리고 사랑

얼마나 아팠을까
먹먹한 가슴
햇살로 어루만지며 보낸
푸르름 속 그리움

뽀얗게 빛나는 바위를 가로질러
건너편 산으로 달려간 햇살은
아프게 남겨진 사랑에 머물며
따뜻하게 웃습니다

내가 아파야 그대가 산다고
내가 서러워야 그대가 웃을 수 있다고
바람으로 밀어낸 절벽엔
사랑 꽃 한 송이 피웠습니다

아득하게 미소 짓는 한여름 산등성이
흘러내리는 땀
그 속엔 눈물도 섞여 있겠지요
푸른 숲엔 아픈 가슴으로 지켜야하는
사랑도 있답니다.

울림

네 맘과
내 맘이
사랑으로 공명(共鳴)하는 날

그것이 더 없는
행복이었음 좋겠다

부처의 염화미소(拈華微笑) 닮은
당신의 그 미소
마음으로 전하는 울림이

내게 행복이었음 좋겠다.

말없이 흐르는 금강의 사연

금빛으로 꿈틀대는 물길을 본다
언제부터인지
물길은 저렇게 흘렀다
멈춘 듯 흐르는 듯 그 도도하고 당당함

옹이가 되어버린 삶의 아픔도
주름살 깊이 고였던 고된 여정도
바람이 전해주고 달빛이 이야기해주어
젖어 있는 맘이 얼마나 아픈지 잘 안다

오래 입어 닳아 버린 무릎 나온 내복도
꽃무늬 그려진 고무신 한 짝도
달그락거리던 필통 속에
외롭게 헐떡이던 몽당연필도 안다
지금은 흔적도 없는 생채기들이
얼마나 아팠던가를 금강은 안다

시골 툇마루 햇볕이 돌아누울 즈음
가쁜 숨 몰아쉬며 들어서던
사랑방 문턱이 왜 그리 닳아 버렸는지

들길에 핀 억새의 하얀 보풀들 하늘로 날고
볼품없이 구겨진 학생복 바지 부끄럼 없이
말보다 몸으로 먼저 말하던 그때 그 맘
금강은 안다

어느새 하얗게 밀려온 가을의 하늘
어렸던 꿈은 이미
끝도 없는 동굴로 사라지고
초점 없이 바라보는 눈엔 슬픔만 가득하다
할머닌 알았을까
꿈으로 돌아가고 싶어 하는 내 마음을
내 가슴에도 오래전부터
금빛 물결이 소리 없이 흐르고 있다.

하늘

비 온 뒤 찬바람 불고
파랗게 하늘이 열리면
내 얼굴은 홍당무가 됩니다
꼭꼭 감추어둔 맘
들킨 것 같아 몸 둘 바 몰라 하지요

뒷동산 솔숲 헤매던 바람
품속으로 파고들면
마음은 이미 하늘을 날고 있습니다
활자로 새겨진 온기 없는 말보다
따스한 눈길로 전해진 고운 맘
하늘 가득 번지는 사랑입니다

하늘에 꿈을 그려 보셨는지요
그렸다가 지우고
또, 그렸다가 지우고
지금은 무지갯빛으로
다른 그림을 그리고 있습니다
구름으로
바람으로

때로는 빗물로
뜨거운 가슴으로
그려 갑니다
하늘이라는 화선지에 예쁘게 그려갑니다.

향기 나는 삶을 위하여

꽃길 1

가을비 그친 언덕에 구절초 꽃 하얗게 피었습니다
꽃잎 하나하나에 달빛사랑 담겨있음을 잘 알지요
해마다 이맘때면 구절초 꽃향기에 젖어듭니다
햇살 좋은 어느 날 다시 걷고 싶습니다
꽃향기 가슴으로 느끼며 따스한 손 꼭 잡고서.

꽃길 2

자갈밭 길을 가다 만나는 꽃길은 행복하고요
꽃길을 가다 만나는 자갈길은 두렵습니다
당신과 함께 가는 이 길은
아름다운 꽃길입니다
믿음과 행복으로 만들어가는
꽃길입니다.

꽃길 3

조용한 산길을 가끔 혼자 걷습니다
뒤따르는 햇살도 앞서가는 그림자도
소중한 친구들입니다
무언으로 주고받는 믿음 속에 걷다보면
어느새 가슴속에는 행복이 가득합니다
이 날까지 발걸음 맞춰 준 당신 덕이지요
고맙습니다.

꽃길 4

달빛으로 당신 계신 창가에 찾아가 보았습니다
왠지 쓸쓸해지는 맘 차마 창문을
두드리지는 못했습니다
그저 멍하니 맴돌다 돌리는 발길
아침에 당신은 알 수 있을려나요?
간밤에 달빛으로 다녀간 나를…!

꽃길 5

미명에 꿈인 듯
이슬로 찾아온 그대의 온기
자욱한 안개 속으로
꿈인 듯 사라져간 새벽 별 하나
가슴속 시린 사랑
뜨거운 가슴은
서러움으로
밝아오는 햇살 마중하고 있다.

꽃길 6

가끔 하늘을 나는 꿈을 꿉니다
어릴 적엔 꿈속에서, 지금은 마음속으로
사람은 늘 무엇엔가 집중하며 살게 됩니다
하루하루 삶에 집중하는 그 시간이 소중한 것은
지금 그 순간이 지나면
다시 오지 않기 때문입니다
그 소중한 시간 헛되게 보내지 맙시다
먼 훗날 "당신과 참 행복 했다."라고 하려면
그리해야 합니다.

꽃길 7

언덕 위에 보랏빛 쑥부쟁이가 예쁘게 피었습니다
이른 아침 고향으로 달려가는 차속에서
문득 느낄 수 있었습니다
따스하게 전해오는 온기
눈앞에 어른거리는 그리움
가슴으로 불러보는 이름 "할머니"
또 그분 품속에서 꿈꾸는 날이 될 듯합니다
가슴 얼얼한 사랑이 그립습니다.
지금 이 나이에도 아픔은 여전합니다.

꽃길 8

따스한 느낌에 눈을 뜨면
햇살이 빙그레 웃음 짓습니다
손에 잡히는 것은 없지만
가득한 풍만함이 행복했지요

바로 사랑하는 이의 품입니다

촉감으로 남은 모진 기억들
수많은 시간이 지난 지금도
따스함으로 전해옵니다.

꽃길 9

물끄러미 단풍의 반영을 본다
울긋불긋 아름다운 모습
고스란히 품고 있는 반영
속임도 거짓도 없이 그 모습 그대로
당신은 나의 반영
나는 당신의 반영
그러기를 희망했던 시절도
까마득히 흘렀다
아직도 여전하지만 흐려지는 물빛에
처음 그 빛깔 잃을까 조바심난다.

꽃길 10

내 마음에 초옥 하나 있다
어릴 적 작은 눈으로 바라보며
그 속에서 세상을 배워온
가슴 따뜻한 그런 초옥
지금 바라보니
참으로 커다란 집이었다
아직도 내 맘엔 예쁜 초옥 있다.

꽃길 11

저녁 해변에 남겨진
세월 속에 발자욱

파도는 아픔을 지우고
바다는 사랑을 노래한다
포말을 토해놓은 해변에
서성이는 저녁 놀

눈물로
바라보는 내 마음엔
고마운 노을이 찾아들어
내 맘을 달래주고 있다.

꽃길 12

별꽃, 너를 보기 위해
이렇게 눈높이를 맞추었지
작지만 반짝이는 그 고운 맘
너와 눈을 맞추니 보이더라
예쁜 별 하나…!

꽃길 13

발그레한 수줍음 가득한
복숭아 하나
부드러운 속살을 한 입 베어 물면
달달한 사랑 가득했던
지난여름이 그리워진다.

잊지 않으마
뜨거웠던 여름의
행복했던 환희를…!

꽃길 14

노을을 본다
붉은 하늘 저편으로
소리 없이 사그라져 갈
삶의 흔적

둥그런 달의 기쁨으로
하늘을 본다
발길을 밝혀주는 희망이다.

꽃길 15

바람이 따스하게 등에 기대는 오후
바람 잔잔한 호숫가를 걸어봅니다
일렁이는 물결도 한낮의 햇살에 눈이 부신 듯
초록빛 나무의 무늬만 물속에 담근 채
하루를 보냅니다
문득 바라본 호수 위로 백로가 날갯짓을 합니다
앞에는 청둥오리 한 마리 고요를 즐기고 있고
그 모습 참 평온한 모습입니다
지친 사회가 이렇게 평화로운 모습이면
얼마나 좋을까요?
마음은 늘 이런 꿈속에 살고 있습니다
바라보는 내가 평화를 느낍니다.

꽃길 16

산모퉁이 돌면 국화 향 가득합니다
노랗게 언덕 위에 자리 잡은 산국 한 아름
예쁘게 꺾어 당신에게 선물 하고 싶은 날입니다
거기에 햇살 한 웅큼 담고 가을바람
살짝 뿌려두면 더 멋진 꽃다발 되겠지요
늘 새롭게 바라보고 생각합니다
서로를 위하여 뜻을 모으고
서로를 위하여 함께 행동하는 것
그래서 보여지는 행복한 모습이 진정한
사랑이겠지요.
사랑하는 마음이 바탕이 된 행복 말입니다.
오늘도 그대를 위하여 국화 향 준비합니다.
고맙다는 내 맘입니다.

꽃길 17

조용한 가을아침
안개 자욱한 길을 걸으면 당신 생각이 납니다.
바짓가랑이 이슬에 젖는다고
둥둥 걷어주시던 손길
잘 다녀오라고 엉덩이 툭툭 쳐주시던 손길
그리곤 말없이 꼭 껴안아주시던 손길
지금도 늘 마음속엔 소용돌이칩니다
그리움으로
남겨진 사랑으로…!
그런 당신 있어 행복합니다.

꽃길 18

원산도의 아침도
어제와 똑같은 태양이 뜬다
눈 감으면 멀리 철썩이는 파도소리 들리고
밤새 울어 지친 매미소리
무더운 여름을 원망하는 듯
아침부터 요란하다
바다를 가르는 고깃배들은
새벽부터 분주히 오가고
그 뒤를 따르는 내 눈길은
긴 삶의 흔적을 쫓는다.

꽃길 19

무수히 많은 세월
봄 여름 가을 겨울 사계절을
묵묵히 이겨온 지난 날 잊고
꼭 잡은 손 따스해 질 때까지
붉었던 맘 그냥 그대로
남은 세월 같이 걷자고 약속한다
그게 사랑이니까.

꽃길 20

산을 오르면 참 평화로웠다
그 속에서 나를 단련시키기를 몇 년
요즘 108사찰 탐방을 계획하고
실행에 옮기고 있다
작지만 내 마음이 머물고 싶은 곳으로 간다
따라나서는 것은 내 그림자 뿐
엎드려 소망을 담은 기원을 한다
겉으로 표현 할 수 없는 내 가슴속 소망
시간이 갈수록 활 활 타오르는
촛불이었음 좋겠다.

꽃길 21

또 가슴이 철렁한다
어디로 가는지
사이렌 소리 요란하다

하루에도 몇 번씩 엠블런스 소리
내 맘속에도 비상이 걸린다
덜컥 내려앉는 가슴의 두근거림
자칫 멀쩡한 사람도 병들게 생겼다

누군가 날 위해
비상출동을 해줄 사람 있을까
삶의 한 켠엔 항상 비상등을 걸어둔다
내일을 위한 오늘을 준비한다.

꽃길 22

상상해본다
내 뒷모습은 어떨지
당당하고 믿음직한 모습이고 싶은데

쓸쓸하고 텅 빈 수수깡 같은
그런 모습이 아닐지
마주하는 모습은 더 없이 크고
믿음직해 보여도
넓고 큰 가슴은 울고 있을지도 모른다

아버지는 다 그런 거다
말로는 못할 가슴속 아픔
혼자 삭히고 있는 거다.

꽃길 23

같이 가는 길은 외롭지 않습니다
말은 없어도 따스하게 전해오는 온기만으로
서로 사랑하고 있음을 충분히 알고 있을 것이기에
남은 시간이 결코 외롭지 않습니다
때로는 투덜거리기도 하고
가끔은 치기어린 행동으로 실망감을 주어도
사랑하는 맘 하나로 먼 길을 같이 걸었습니다
앞으로 가야 할 길이 힘들고 어려워도
지금처럼 그렇게 앞만 보고 갑시다
꼭 잡은 손 놓치지 말고…!

꽃길 24

어릴 적 고향집 담장엔 예쁜 산수유가 피었었지요
그 아래서 맞는 봄이 어찌나 포근했던지
지금도 그 시절 생각만 하면 저절로 눈이 감깁니다
하루하루 살면서 그 시절 고왔던 당신 생각을
한 번도 놓아 본 적이 없습니다
오히려 더 깊어지는 그리움에 무작정 밤길을
걷기도 했었으니까요
그만큼 내게 준 사랑은 가슴 깊었던 거지요
지금도 산수유 피는 봄날이면 추억에 잠깁니다
오늘 하루 그 시절 추억을 되새김질합니다
남겨진 사랑에 대한 감사한 하루입니다.

꽃길 25

어제는 벚꽃 핀 길을 걸어 보았습니다
어둠이 내린 저녁 시간이라 길을 걷는 내내
꿈길을 걷는 기분이었습니다
살면서 이렇게 꿈길을 걷듯 한다면
얼마나 좋을까요
이제는 욕심 없습니다
하루가 건강하고 아침저녁으로 반갑게 마주하는
당신이 있기 때문이지요.

꽃길 26

지난 토요일 대청호반을 걸을 때
물빛에 비친 산 그림자 참 멋졌습니다
울긋불긋 단풍으로 치장을 한 산이
거꾸로 물속에 잠긴 반영의 풍경
가끔은 우리 마음도 저리 비춰볼 수 있다면 하는
엉뚱한 생각도 합니다
생각과 마음을 고스란히 꺼내어 두 손에 들려주고
내가 이만큼 당신을 사랑하노라 고백하면
멋지지 않을까요?
우리 사랑 더욱 튼튼해지기 위해서라면
때론 보여주고 싶습니다.
이만큼 내가 사랑한다고…!

꽃길 27

자욱한 안개길 가을꽃 가득한 길을 걷습니다
하얗게 뿌려진 꽃잎의 희망가는
내 맘속에 가득 사랑으로 소용돌이칩니다
이런 설렘과 행복감 당신이 준 선물입니다
고맙고 감사합니다.

꽃길 28

오래전에 함께 걷자고 약속했던 꽃길
비록 비단길 같은 꽃길은 아니지만
사랑 가득한 꽃길입니다
눈부신 레드카펫은 아니지만
정성 가득한 꽃길입니다.
가끔 마주보며 웃어주는 그것 만으로도
따스하게 전해오는 당신의 온기 하나로도
내겐 큰 힘이 됩니다.
그것이 사랑의 힘인가 봅니다.

꽃길 29

구름이 낮게 내린 날 산길을 걷습니다
숲속의 요정 같은 가을꽃들은
서로 앞을 다투어 피고 집니다
햇살에 반짝이는 그 모습에 덩달아
행복해집니다
더불어 행복해 하는 삶 우리가 가는 길입니다.

독백

속 마음

분주하게 살아온 날이
대추나무 연 걸리듯 어수선하면
먼 하늘을 본다
싸늘하게 식어버린 열정
타성에 젖어 보내는 날들
그 속에서 나를 지켜준 그 것
맘속에 간직한
사랑의 힘으로 산다.

꽃의 향기

향기가 없어도 꽃이다
척박한 땅을 비집고
꽃을 피운 네게 고마운 맘 전한다
오랜 기다림으로
길었던 겨울 가고
꽃을 피우니
그것이 사랑이다.

묵은지 같은

살다보면 지칠 때 많지요
그 때마다 생각나는 것은
묵은지 같은 사랑입니다

상대의 마음도 모르고
내 마음이 네 마음인 것처럼 행동하면
가까운듯하던 마음도 멀어지는 겁니다

나보다 너를 생각하고
내 말하기보다 네 말을
더 많이 들어야 합니다.

인생무상

욕심껏 살아온 날이
어느 날 별것 아니다 생각들 때
허무를 느낍니다

가슴에 남은 공허함
지금 내 옆에서 그것을 위로해 줄
소중한 사람 있다면 그것이 행복입니다

꽃은 내년을 기약하지만
우리는 내년을 약속할 수 없기에
오늘을 사는 동안에는
고마운 당신을 생각하며 삽니다.

꽃잎에서

오늘은 꽃만 보고 싶습니다
말없이 바라만 봐도 알 것 같은
꽃들의 미소가 보이는지요?
꽃들의 노래 소리가 들리는지요?
저 분홍빛 꽃잎에서 온화한
당신의 미소를 그리워합니다.

사랑은

시시콜콜한 거 맘 편히
다 이야기할 수 있어야 합니다
들어주고
받아주고
함께하고
그래서 늘 곁에 있음에
행복해 해야 합니다.

너를 위해 쓰는 시

매일 시를 씁니다
마음으로 써 내려가는 시
때론 눈물 가득하고
기쁨보다 아린 맘 더 커도
흔들림 없이 지켜온 시를 쓰는 일
그것은 당신을 향한 내 사랑의 기도입니다.

꿈을 꾸던 날

누구나 맘속에
고운 꿈 키우고 살아갑니다
그 꿈이 꿈으로 끝나는 한이 있더라도
꿈을 꾸는 동안은 행복하기 때문이지요

그대가 내 가슴에
지켜갈 사랑이라 믿고
모진 아픔 보듬어 안으며
부처님 앞에서 해탈을 소원하던 날
나도 꿈을 꾸기 시작했습니다

오늘도 꿈의 심지를 돋웁니다
바람에 힘을 잃어 꺼지지 않게
간절한 마음으로 내 마음을 밝힙니다.

향기

그 때는 몰랐었다
상큼한 후리지아꽃 향기
지워지지 않을 향기만 남기고 떠난 줄 알았다

바람으로 맴돌던 날들이
하루 이틀 수십 번 바뀌고
그리고 그 향기가
아름다운 홍매로 피었다

홍매는 말없이 붉다
뜨거운 사랑이 물든 탓이다.
두 손 꼭 잡고 다시 기운을 내자.

진심과 깨달음

깨달음은 무엇인가?
진실과 진심은 어떤 관계인가?
진심이라 믿고
진실하게 보냈던 시간이 아파올 때

마음속에 숨겨진 진심이라 여겼던 그것이
어느 순간 등을 보이고 말았을 때
우리는 얼마나 괴로워하는가

진심을 진실로 주고받을 수 있는
나눔이 그립다.
우린 그리 살지 말자.

밤은 길고 생각은 많고

어둠이 잉태한 새벽은 언제 올려는지
창밖은 여전히 어둠뿐입니다
까마득한 하늘 저편으로
스치듯 사라지는 밤의 요정들
깊은 밤만큼 생각도 많습니다

아침을 맞는 마음은
지난밤을 잊고 싶어 합니다
오늘도 열심히 살아내는 하루가 되겠지요
따스한 햇살로 뒤따르는
당신을 기억해 봅니다.

봄은

봄은 꽃을 통해
아름다운 멜로디를 들려주고

봄은 햇살을 통해
당신의 심장소리를 들려준다

봄은 떨어지는 꽃잎으로
당신을 기억하게 하고

봄은 고왔던 당신의 향기로
밤을 지새우게 한다

봄은…!
봄은…!

그렇다.

정(情) 1

정이 무엇일까요
여린 봄날은
짧은 찰나의 순간을 가슴 저린
그리움으로 보냈고
지금도 방황하는 아픔을 품은 채
절름발이가 되어 봉곡사를 찾습니다
조용하고 아늑한 작은 절간은
내 쉼터가 되었습니다.

정(情) 2

봄바람은
허풍이 심했다

어느 날 산행에서
예쁜 꽃 하나
똑
분질러 놓고는
모른 체 외면해 버렸다

내 맘은 이렇게
물들었는데 말이다.

이름

가슴으로 불렀던 이름 있었다
너무나 오랜 세월 부르다 보니
가슴에 깊이 새겨진 이름
산사에 머물 때마다 생각나는 이름
이젠 그 이름 위로
남겨진 사랑을 덧칠하고 있다.

꽃의 투신

세상의 흙 먼지 속으로 몸을 던집니다
세속의 결박을 풀고 싶어 몸부림칩니다
내 삶에 맺어진 모든 인연들
힘듦보다는 행복이었음 합니다
이것도 욕심인 걸 압니다
욕심 좀 부려봅니다.
삶은 언제나 힘듦과 즐거움이 함께 합니다.

기억

지난 시간 돌아보면
기대고
바라보고
웃고
떠들고

생각하기만 해도 기쁜 것들 가득
그 기억들 잊지 않으려
가물거리는
꽃향기를 찾습니다.

이유

나는 안다
네가 반영으로
꽃을 담고 있는 이유를

맑은 봄날
그윽했던 흙의 향기로
가슴에 담아 두었던
아픈 기억을 잊고 싶지 않았던 거다.

그 때

봄꽃이 화르르 지고
그 자리에 푸른 잎 돋으면
눈가에 그렁그렁 눈물방울 달고
종알거리는 종달새 따라
청보리 밭을 달렸지

오늘도
그 때가 생각나는 이유는
당신이 그리운 거야
어릴 적 작은 손 꼭 잡아주던 따스함
다시 느껴보고 싶었던 거야.

바보

무심히 봄을 보냈다.

맘은 송두리째 강탈당하고
꿈틀대던 꽃은 피기도 전에
깊숙이 갈무리 되었으니
가끔 두 손에 받아든
사랑의 작은 엽서엔
흐릿한 추억만 가물가물

바보… 바보…!

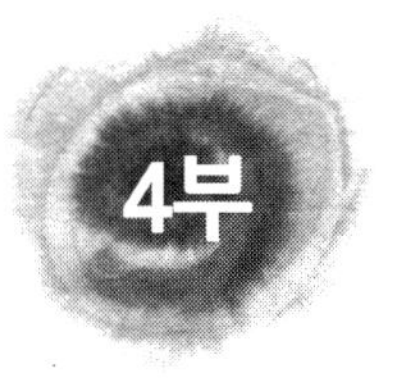

별의 꿈

너는 연화지 벚꽃

작은 연못 연화지
봄이면 하얀 벚꽃 흐드러진다
사진으로 만났던 그곳
봄꽃이 보고 싶다

어느 날인가 나도 모르게
그 길을 걷고 있을지 모른다
꽃의 마중을 받으며
꽃의 노래를 들으며
꽃의 손을 잡고
연화지를 걷고 있을 것이다

아득한 꽃내음
하늘로 달아오르고
가득했던 기쁨
눈부신 햇살로 다가와
살며시 잡아주는 손길이 그립다

연화지 벚꽃이 벌써 생각난다.

가을의 흐느낌 속에

빗물이 차창을 타고 흐른다
멈칫멈칫 흐르는 모습이
슬퍼 보인다

운전대를 잡은 손에
전해오는 잔잔한 떨림
설레임이 심장의 가장자리를 두드리고
귓전에 이명처럼 들리는 가을비 소리
내 슬픈 마음을 보듬어 준다

두 손 모아 합장한 손엔
따스한 사랑 넘치게 해 달라 빌고
마음속엔 나 말고
너 먼저 건강하라고 빌고 있다

세상은 넓지만 인연은 하나
네 고운 눈에 눈물은 보이지 마라
가을 단풍은 붉게 물들고
거친 겨울바람은 저만치서 발 구르고 있다
아직 겨울도 아닌데 마음은 춥다
떠나는 단풍이 벌써 그립다.

이끼

몰랐던 거다
아니
무심했던 거다
나 모르게 아팠던 세월이
얼마나 되는지
몰랐던 거다

떡 진 세월
속울음으로 삼키며
그 울음이 명치끝을 헤집어 파는 고통을
혼자 이겨 내고 있었던 거다

그늘진 세월은 어느덧
주름으로 가득하고
피었다 지는 꽃은 서 있을 힘조차 없다
모두가 이끼 낀 세월이 남긴 아픔이다.

강가에서

물 위로 찰박거리며
달려오는 바람을 본다
가까이 와서는
못 본 체 휘돌아
산허리를 더듬는다

수선대는 갈대의 분주함도
내 맘을 닮은 듯
도대체 갈피를 잡지 못하고 있다

이런 조급함은 왜일까
오고 가는 삶의 흔적들이
모래톱처럼 쌓이고 있다.

별의 꿈

밤하늘 구름이 달을 가리고 있는 시간
허공을 맴도는 바람에 묻는다
별의 몸부림으로 태어난 별빛은
얼마나 많은 시간을 달려 내게 왔는지
얼마나 긴 아픔을 견디어 왔는지

품에 내려앉는 별빛을 보듬어 안는다
고마운 거다
마음속에 비치는 별은 너무도 투명하여
차마 바라볼 수가 없다
때로는 아름답게
때로는 슬프게
차가운 겨울 밤하늘에 빛을 뿌린다

힘든 몸부림
푸른빛으로 내게 오기까지
억겁의 시간을 말없이 견디어온 별빛
가슴에 든 멍 탓인지
품에 안긴 별빛은 푸르기만 하다.

애인

사랑을 할 줄 아는 사람은
마음이 따뜻하다
그 따뜻한 마음으로
매서운 겨울 찬바람을 덥히고 있다

사랑을 할 줄 아는 사람은
찬바람 속에서 따뜻한 장작불이다
그 따뜻함이 손끝에서
온몸으로 번질 때
그대는 이미 내 맘속에 있다

사랑을 할 줄 아는 사람은
하얗게 내린 눈 속에 핀 한 송이 꽃이다
길고 매서운 삼동 추위에도
단단하게 살아남아 차가운 눈 녹이고
따뜻하게 세상 살아갈 햇볕인 거다.

흔들리지 말자

흔들리지 말자
모진 바람 불어도 끄떡없는 고목과 같이
흔들리지 말자

그만한 믿음도 없이
이겨나갈 자신감도 없이
어찌 사랑한다 했을까

수많은 세월 흔들림 없는 믿음으로
믿는 거라곤 단단한 뿌리
움켜쥔 흙 한 줌뿐이라도
봄이면 푸른 잎으로 피어날
기쁜 사랑을 알기에
앙상한 가지마다 남겨진
꿈과 사랑 넘치게 그리워한다

사계를 보내는 삶의 숙명
무상한 세월 속에서
우물물 길어 올리듯 그런 정성
그것이 사랑이니
흔들리지 말자.

그 가을에

바람이 불어오는 곳
어디서 시작되어 어디로 가는지
가늠할 수 없는 어느 가을 날
다랭이논 구불구불한 길을 따라
햇살 다소곳이 다가온다

낮게 드리운 하늘은
아파트 첨탑에 걸린 달을 닮았다
산 설고 물 설은 타향에 와서
정붙이고 살아온 세월도 반평생이다

휴일이면 가끔 조천변에 나간다
청둥오리 물살 가르고
마른 갈대의 속삭임 다정한 곳
징검다리 성큼 성큼 건너면
내가 그리워하던 고향이 있을 것 같다

바람이 불어오는 곳
그곳으로 가고 싶다
졸 졸 졸

흐르는 물소리 속에
내 고향이 있다.

동백꽃

내 작은 정원에
예쁜 꽃 하나 심어놓고
키우고 싶은 꿈이 있었다
아침저녁으로 들여다보며
반갑게 이야기 나누고
그러는 시간 내내 행복해하고 싶었다

조용한 산사 모퉁이
거기서 아름다웠던 청춘을 보았다

언덕에 쪼그려 앉아 바라보면
붉은 동백은 별을 닮았다
촛불은 진한 눈물 같은 촛농을 달고
붉은 동백은 아픈 사랑을 품었다

품었던 꿈은
미명이 걷히고 나면
바람에 힘없이 흔들리다가
붉은 꽃잎 툭 떨구고

그 자리엔 지워지지 않을
상처만 남긴다

사랑은
뜨거우면서도
저리 외로운 걸까
모르겠다.

외로운 고니 한 마리

노을이
길게 그림자를 만드는 시간
갈대숲에서 바람은 울고 있다
사랑을 잃을까 조바심에
차마 숲을 벗어나지 못하고
마른 갈대밭을 서성거린다

어둠이 먹물 번지듯
내 맘속에 생각도 침잠해가고
붉은 노을 조용히 내려앉는 강가엔
외로운 고니 한 마리 우두커니 서 있다
망부석 닮은 기다림이다

두리번거리는 눈엔 외로움 가득하다
어쩌다 짝을 잃었을까
이 추운 겨울날 혼자서 어찌 보낼까
우두커니 서서 접은 날개에
어렸을 적 행복했던 꿈 생생한데
외롭게 보이지만 접은 날개 속에는
그 꿈 펼쳐 볼 새봄을 기다리는 거겠지.

행복을 예약하다

티브이 앞에 앉는다
약속된 시간이 다가오면
오늘의 이야기를 나름 가늠해 본다

하루의 시간이 어둠에 묻혔다
명멸하는 불빛은 혼자 즐겁고
그 불빛에 감전된 나는 사로잡힌 불나방이다

밤에 보는 꽃은 참 예쁘다
살짝 감춰진 꽃잎에
살그머니 다가서는 겨울 불빛은
혼자만의 비밀을 가슴으로 간직한다

기다림은 외롭다
앞으로 더 많은 날을 기다려야 한다
화사한 봄의 기운에 추웠던 겨울을 잊고
새로운 꽃 피울 희망으로 기뻐할 그때까지
기다림은
풀잎처럼 일어서는 기쁜 행복을 예약한다.

사랑하거든

사랑하거든 버려라
사랑을 버리라는 게 아니고
얽어매는 생각들을 버리라는 거다

사랑하거든 잊어라
믿음 하나만 남기고 모든 것을 잊어라
많이 생각할수록 슬픈 거다

사랑하거든 노래를 불러라
기쁨의 노래는 기다림을 이길 수 있다
슬픔의 노래가 아닌 기쁨의 노래를 불러라

사랑하거든 울어라
가슴속 그리움을 토해놓듯
절절한 맘으로 실컷 울어라

사랑하거든 버려라
다 버려라.

쌍계사에서

논산 쌍계사에 들렀다
인적도 없는 고요함에 겨울바람이 더 차다

수많은 사계절을 견디어온 연리근
뿌리부터 인연이었던 것을
깨달음으로 느끼고
외롭지만 슬프지 않은 모습
눈시울이 뜨겁다

아름드리 기둥에 남겨진 사연
삶과 죽음의 경계를 보듬어 안고
어둑해진 뜰 앞에 무릎 꿇은 채
마주 잡은 손에 고이는 애달픔을
향불로 피워 올려 소망을 빈다

오색 창연한 천 년 단청
조금씩 바래진 색깔 속에서
더욱 또렷해지는 사랑을 본다.

꽃은 피고

정신없이 보내는 시간
무심히 들여다본 화원에
꽃이 피었다

매섭게 추운 그 속에서도
끈질긴 삶의 희망은 꽃으로 핀다
붉으레한 꽃잎이 참 예쁘다

말없이 서서 바라본다
외로운 저곳에서
홀로 견디어 왔을 수많은 시간들
누가 뭐라하든 꽃 하나 피워
힘내라 날 위로한다

고맙다
춥고 힘든 계절 잘 이겨내주고
제일 먼저 꽃 하나 피워
날 즐겁게 해 주니
고맙다

오늘은 꽃을
좀 더 내 가까이 들여 놔야 겠다.

겨울 숲의 노래

숲을 맴도는 바람의 소리
어쩌면 가장 슬픈 소리일지도 모를
나무와 나무의 사연을 엮었지만
아파서 우는 슬픈 소리가 아니길 바란다

부러진 가지에 묻어나는 아픔 속에
철모르고 잘난 체하던 기억이 아프고
숲속을 헤매며 불렀던 노래들
아득히 멀어져 아프다
너를 내 맘에
꽃으로 심었던 흔적을 지울 수도 없는데
말없이 바라보아야 하는
그 맘은 얼마나 야속한지 모른다

숲을 적시던 안개는 물러갔지만
바람의 신열은 식을 줄 모른다
마른 낙엽의 몸부림을 아는지
나뭇가지 사이로 실눈 뜬 햇살이 스미고
깜깜했던 간밤의 기억을 더듬듯
애절하게 부르던 꽃의 노래를 찾는다

그대 사랑을 잃고 싶지 않다
얼마나 많은 고뇌 속에 보냈을 겨울
나무와 나무의 사연을 잉태한
겨울 숲의 노래를 듣고 싶다
결 고운 노래가 아니더라도 좋다.

흘러가는 것

흘러가는 것은 강물만이 아니다

어디로 갔는지
아득하게 멀어진 기억 속에
무심하게 흘러가 버린 세월이 있다
마음을 나누고 사랑을 나누어도
세월 속에 묻힌 찬란했던 기쁨은
아스라이 사라져가고
마음속에 남는 것은 허무뿐이다

시간도 흐르고
계절도 흐르고
그렇게 세월도 강물처럼 흐른다

때론 사람 마음도 강물처럼 흐른다
유유히 흘러가는 강물
우리들 마음도 닮고 싶은 강물
세월이 흐르고 계절이 변해도
묵묵히 흘러가는 강물
우리는 그런 강물을 닮아가자

세월이 흘러도 변하지 않는 마음으로
사랑하며 가자.

어떤 의식

머릿속이 하얗다
하늘은 맑고 바람은 투명하다
대웅전 마룻바닥에 무릎을 꿇는다
우연일까 운명일까

머리로 스며드는 만수향의 향기가
더욱 청량하게 느껴진다
합장한 손에 작은 떨림이 전해온다
삼배를 마치고 돌아서니
하얗게 웃는 문수보살이 있다

왜일까
삶에서 늘 동경하던 깨우침이
한 순간에 다가온 듯
이 설렘은 뭔가
바라보는 부처님 얼굴에 번지는 미소가
유난히 가슴 따뜻한 순간이다

대웅전 밖엔 가을비가 예쁘게 내린다.

그날 1 – 외암마을에서

기억하고 있니
파란 하늘 위로 우리가 구름이 되던 그날
하얀 꽃 네 얼굴을 처음 마주했던 순간
내겐 또 하나의 행복이었지

가을 날 이슬 머금은 목화 꽃같이
순백의 청초한 네 모습 위로
하루 종일 맴도는 두근거림은
숲속 낙엽 위로 가을비 되어 내렸다

앞장서 나풀거리는 꽃향기
먼 산으로 맴도는 안개비 되고
촉촉하게 젖은 풀꽃 위로
대롱거리는 빗방울은
사랑에 겨워 춤추는 바람이었다.

그날 2 — 장령산에서

때론 한 발짝도 떼기 싫을 때가 있다
생각이 나를 지배하는 날이다

시간이 멈추어 주기를
가을이 여름을 기억해 주기를
고개 숙인 구절초는 바라고 있다

알고 있겠지
꿈처럼 스쳐간 찰나의 시간도
가슴엔 비수 같은 흔적이 남는다는 걸

그 아픔 알게 되는 날
이미 우리는 하나였으니
햇살의 심술이 두렵지 않은 이유다.

그날 3 – 용암사에서

꽃 속에서 울고 있는 꽃을 보았다
이미 기울어진 햇살의 변심에
너무 울어 퉁퉁 부은 얼굴이다

낙엽은 지쳐있다
바람도 애처로웠는지
주위를 맴돌며 어루만지고 있다
그 손길이 싫어 뒤척이는 낙엽

꽃 속에 울고 있는 꽃도
지친 몸 누이고 있는 낙엽도
그들이 남긴 이야기는 밤하늘별이 되었다
까마득한 가을밤 하늘 무수한 별

투둑투둑 떨어지며 이야기를 한다
그날 꽃들에게 무슨 일이 있었는지
묻지 않았다
꽃 속에서 울고 있던 꽃
그날 너는 많이 슬펐던 게다
허리 잘린 아픔 이었던 거다.

그날 4 – 익산 왕궁리에서

멀리서 까치 소리 들린다
분명 누구를 부르는 소리일 터
혹시 나 인가 싶어 고개 들어 하늘을 본다

가을비 내리던 어느 날
봉당에 신발 젖는다고 연신 내다보며
젖는 신발보다 내리는 비에 눈길을 주고

자작거리는 빗소리에 울렁거리는 가슴
누군가 알아볼까 조심스레 여미고
댓돌아래 비 맞고 섰는 꽃에게 말 걸던
네 모습 참 예뻤다

비와 눈길 주고 받던 그 짧은 시간
마음으로 스며들어 낙관으로 남긴
붉은 마음
그날 설설했던 가슴 한 켠으로
민들레 갓 털 하나 날아와 자리 잡았다
사랑의 꽃씨다.

그날 5 – 장안산에서

내가 품은 꽃은 그랬다

관심은 고마움으로
고마움은 감사함으로
감사함은 그리움으로
그리움은 사랑으로 물들어 가는 가을 하루
텅 비어가는 들판엔 또 다른 꽃 한 송이 핀다

담장에 매달려 외롭게 핀
지금은 그 붉음조차 부끄러워하던
외로운 장미 한 송이였던
스치며 바라만 봐도 어여뻤던 꽃

그날
물기 흐르던 내 가슴엔
아픔보다 더 큰 눈물이 단풍으로
물들었으니 네게 감사할 일이다
잊지 않고 때마다 내 곁에서
마음의 향기로 지켜준다 남겨준 정표
고마움으로 가슴에 품은 꽃은 예뻤다
울긋불긋 단풍 꽃이다.

그날 6 – 장안산에서

발걸음이 참 가볍다
환하게 웃는 네 모습을 보는
내 가슴은 고맙다는 말밖엔 할 말이 없다

안개 자욱한 산길에서도
두려움보다 가벼웠던 발걸음
다정해 보이는 두 그루 소나무 아래 자리 펴고
떨어지는 빗물 피해가며
따스한 물로 몸을 녹이던 그 날

가득한 운무는 그랬다
뒤도 앞도 보지 말고
지금만 생각하고 가라고 했던 거다
반짝이는 억새는 아니더라도
바람에 나풀거리는 억새는 아니더라도
함께 걸어 줄 네가 있으니
가볍게 가라고 그랬던 거다

그날
가득했던 운무 속에서

정상에 섰을 때
바람으로 다가와 안겨준 너였다
마음 따뜻한 그 날이었다.

그날 7 – 봉곡사에서

천 년 숲 걷던 그 길엔
지금도 솔 향이 가득할까
행여 지나던 바람이
다 훔쳐 가지는 않았는지

그냥 걷는 것이 좋아 나섰던 하루
내 남은 생에 동반자 삼을 말씀을 만났으니
똑, 똑, 똑 낙숫물 소리가
스님의 목탁소리 닮았던 그 날
감로수 한 잔으로 시름도 잊고
어지럽던 내 맘은 열반에 든다

그 날
다 버리고 빈 마음으로 산길을 걷던 날
햇살은 그림자로 내 뒤를 따른다
풋풋한 가을 향기 참 좋다
앞장서 걷는 가을도 좋고
나풀거리는 꽃을 따라 걷는 나도 좋다
행복하다.

그날 8 — 대둔산에서

올려다보면 까마득한
더 가까이 하늘로 가고 싶은 맘
슬픔도 돌이 된 듯
아픔도 바람이 된 듯
숲으로 드는 걸음 느리고 힘겹다

한 발에 맘속 아픈 맘 덜어내고
또 한 걸음에 간절함 비워 내고
흘린 땀 가쁜 숨 몰아 쉴 때마다
환 하게 웃음으로 다가오는 붉은 단풍잎

그 날
문득 눈에 들어온 마애불상 하나
예까지 함께 따라와 주었구나
반가움에 두 손 모은다
돌아보니 저만큼 그대가 웃고 있다
등 두드려 주는 햇살이 참 고맙다.

그날 9 – 마곡사에서

마지막 단풍이 붉다
아직은 하고픈 이야기가 많은가 보다
간밤에 내린 비가 제법 도랑을 이뤘다
가을 계곡을 흐르는 소리도
제법 크다

삼보에 귀의하는 날
마음은 단풍 속에 살그머니 붉다
어색함 보다 편안함은 당신 탓이다
맑은 눈망울 그렁그렁한 눈물
방울지는 빗방울로 따라와 울고 있다

그 날
스치듯 한기가 등줄기를 흘러도
향불로 살아 오르는 산사의 독경소리
우렁찬 계곡물 거슬러 올라
태화산 정상에 가득한 신심
드디어 첫 걸음 우린 도반이 되었다.

그날 10 – 덕유산에서

눈부신 상고대 숲을 걸었다
밟히는 눈은 연신 신음을 하고
먼 산엔
그리움의 너울이 깊은 주름을 만들었다

고향 집 아늑했던 토담이 그립다
그 아래 쪼그려 앉으면
햇볕의 따스한 사랑을
온몸으로 즐기곤 했었다

방실거리는 햇살의 미소가 곱다
뒤따르는 바람의 웃음소리가 상쾌하다
길지 않은 시간에 넘치듯 담아낸
상고대의 사랑 이야기
고드름으로 주렴을 만들어 곁에 두고
아름다운 영혼을 바라본다

상고대 하얗게 핀 덕유산 능선에서
향적봉 바람이 만든 사랑의 탁본을
너와 내 가슴에 남겼다.

이순(耳順)을 넘어서며

풀 섶의 가엾음을 보고
일출의 장엄함에 가슴 뿌듯해하고
꽃들이 피고 지는 모습에 행복해했던
지난날을 뒤돌아본다

홀로 걷던 산길에
마주하던 초롱한 눈망울의 다람쥐도
저물녘 내게 몰아쳐 온 모진 바람도
애달픈 사랑으로 송두리째 흔들리던 나도
순간을 지나는 시간 속에
꽃들의 기쁨처럼 지나가 버렸다

잠자리에 들면
아픔도 잊고 고요하게 잠든 당신 모습
가슴을 쓸어내리며 고마워했던 순간 속에
만나는 설레임을 알고
눈 맞추며 행복해하던 뜨거움도 알고
헤어지는 아픔 미리 알게 될까 걱정도 하지만
새 삶의 희망으로 기뻐할 날들
더 많이 남았다 스스로 위로 한다

꿈속 같이 가버린 세월 깨끗이 지우고
108 사찰 돌며 쌓은 탑마다 남겨지고
산마다 오르며 고마워한 사랑의 약속
다가올 내 삶은 그것이면 족하다.

별의 꿈

여규용 시집

발 행 일 | 2016년 10월 21일
지 은 이 | 여규용
발 행 인 | 李憲錫
발 행 처 | 오늘의문학사
출판등록 | 제55호(1993년 6월 23일)
주 소 | 대전광역시 동구 대전로867번길 52(한밭오피스텔 401호)
전화번호 | (042)624-2980
팩시밀리 | (042)628-2983
전자우편 | hs2980@hanmail.net
카 페 | cafe.daum.net/gljang(문학사랑 글짱들)

공 급 처 | 한국출판협동조합
주문전화 | (070)7119-1752
팩시밀리 | (031)944-8234~6

ISBN 978-89-5669-783-3
값 9,000원

* 이 책은 교보문고에서 E-Book(전자책)으로 제작하여 판매합니다.
* 잘못 제작된 책은 바꾸어 드립니다.

* 이 책은 세종특별자치시와 한국문화예술위원회의 지원을 받아 발행된 시집입니다.